AF359243

GALLIE
OPERA,

ORNÉE

entrées de Ballet, de Machines
...tans de Théatre.

A AMSTERDAM,

Jean Maximilian Lucas,
M. DC. XCI.

ACTEURS

DU

PROLOGUE.

LA NUIT.
LES HEURES DE LA NUIT.
MERCURE.
TROUPE D'HABITANS de la
Campagne que le Soleil a désolée.

PROLOGUE.

Le Theatre represente une Campagne aride
& toute brûlée de l'ardeur du Soleil,
que l'on voit sur declin, & prêt à se cou-
cher ; D'un autre côté, vis-à-vis du
Soleil, on voit la nuit, qui s'avance
peu à peu sur un Char tiré par des
Hiboux ; Elle est accompagnée des Heu-
res de la Nuit.

LA NUIT.

Anguissante Clarté, cachez vous
    dessous l'Onde,
Faites place à la Nuit la plus belle
    du monde,
    Qui dessous l'horison s'achemine à
    grands pas.
C'est de moy que l'on prise, & la noirceur, &
    l'ombre,
Et j'ay mille agrémens dans mon Empire som-
    bre,
Qu'en toute sa splendeur le jour même n'a pas.

LES HEURES DE LA NUIT.

Le Soleil, qui croyoit avec que sa lumiere
    Regner absolument par tout,
    Sera poussé bien-tôt à bout ;
Il commence déja de fermer la paupiere.

Pendant que les Heures chantent, une troupe
d'habitans entre sur le Theatre.

A 3

UN

6 PROLOGUE.

UN HABITANT DE LA TROUPE.

Venez, aimable Nuit, venez finir nos peines.
  Le Soleil furieux
  Brûle tout dans nos pleines,
  Et ravage ces lieux.
  Il n'est plus d'eau dans nos fontaines,
  Tout perit, tout tarit,
Venez aimable Nuit, venez finir nos peines.

LE CHOEUR.

Venez, aimable Nuit, venez finir nos peines.

UN AUTRE HABITANT DE LA TROUPE.

Ah ! ce Soleil brûlant embrase les Montagnes !
Il brûle nos Forêts, il seche nos Campagnes,
Nous sommes devenus l'objet de sa Fureur.
  Helas ! voyez nôtre langueur !
Du sang qui nous soûtient, il épuise nos veines.
  Que ses rigueurs sont inhumaines !
Nous sommes tout sechés, tout recuits de cha-
      leur,
  Et, tout prêt à mourir, nous souffrons le
      martire.
  Belle Nuit, qui pourroit vous dire
A quelle extremité nous reduit son ardeur !

¡LE CHOEUR.

Belle Nuit, qui pourroit vous dire
A quelle extremité nous reduit son ardeur !

UN HABITANT DE LA TROUPE.

Établissez ici pour jamais vôtre Empire,
  Bannissez de ces lieux
  Ce Soleil furieux ;
Ne nous quittez jamais, que l'on ne voye
      luire.

Un

Un plus bel Aſtre dans les Cieux.

LE CHOEUR.

Nous vous le demandons grands Dieux,
D'un Cœur ſoumis nous adreſſons nos vœux,
Maître des Dieux, qui lances le Tonnere,
Ecoute un Peuple malheureux,
Que ce Soleil ardent n'éclaire plus la Terre.

UN AUTRE HABITANT DE LA TROUPE.

C'eſt un Soleil brûlant, qui nous déſole tous,
Puiſſe-t-il a jamais demeurer deſſous l'Onde.
O Jupiter, ſauvez le Monde,
Donnez nous un Aſtre plus doux.

LE CHOEUR.

O Jupiter ſauvez le Monde,
Donnez nous un Aſtre plus doux.

Dans le tems que le Chœur des Habitans chan-
te ces deux derniers vers, MERCURE *ſe fait*
voir ſur un Nuage.

MERCURE *ſur un Nuage.*

Habitans de ces lieux, calmez tous vos ennuis.
Vos vœux ſont exaucez, vos malheurs ſont
            finis.
Le grand Dieu Jupiter m'envoye ici vous dire,
Que ce Soleil couchant va finir ſon Empire,
Vous ne le verrez plus. Et vous, Nuit, attendez,
    Avec les Peuples accablez,
    l'Aſtre nouveau qui ſort de l'onde.
Vous l'allez voir brillant, éclairer tout le Monde.
    Ramener par tout le beau tems,
    La douceur de ſon influence
Fera regner chez vous la Paix & l'Abondance,
    Et rendra vos deſirs contens.

A 4

Ren-

Rendez graces , rendez au plus puissant des
    Dieux,
Qui vous donne un Soleil, si beau , si glorieux.

LE CHOEUR.

Rendons graces, rendons au plus puissant des
    Dieux ,
Qui nous donne un Soleil , si beau , si glorieux,
              Mercure se retire.

UN HABITANT DE LA TROUPE.

  Sa bonté fait sortir de l'Onde
  Un Astre nouveau , que le Monde
  Verra bien-tôt briller aux Cieux.
Sous ses loix nous vivrons dans une Paix pro-
  fonde.
  Que tout chante, que tout réponde,
Que tout chante aujourd'hui le plus puissant des
    Dieux.

LE CHOEUR.

Que tout chante , que tout réponde.
Que tout chante aujourd'hui le plus puissant de
    Dieux.

UN AUTRE HABITANT.

  Sa bonté fait rentrer dans l'Onde
  Ce Soleil qui brûloit le Monde,
  Nous aurons plus de mauvais tems.
De cet Astre fatal la maligne influënce
  Ne chassera plus l'abondance,
  Tous nos desirs seront contens.
Rendons graces, rendons au plus puissant de
    Dieux.
Qui du Soleil brûlant a déchargé les Cieux.

LE

LE CHOEUR.

L'Astre brillant qui sort de l'Onde,
Vient donner la lumiere au Monde,
Il nous ramene le beau tems.
La douceur de son Influënce
Fera regner chez nous la Paix & l'Abondance,
Et rendra nos desirs contens.
Rendons graces, rendons au plus puissant des
        Dieux,
Qui nous donne un Soleil, si beau, si glo-
    rieux.

Fin du Prologue.

A 5   Acteurs

Acteurs de l'Opera.

GALLIE.
L'AMBITION.
LA VANITE.
TROUPE *de Dragons & d'Incendiaires.*
QUATRE BERGERS.
RAMIE.
HERCULE D'ORANIE.
QUIACES.
DAMON *Berger de l'Isle d'Albion.*
TIRCIS, *Berger Fugitif.*
TROUPE *de Bergers de l'Isle d'Albion.*
TROUPE *de Bergers Fugitifs.*
TROUPE *de Satires, de Loups & de Leopards.*
NEPTUNE.
VULCAIN.
LE FEU.
L'AIR.
L'EAU.
LA TERRE.
EOLE.
TROUPE *de Dieux Marins.*
TROUPE *de Ciclopes.*
TROUPE *de Dieux Champêtres & de Driades.*
TROUPE *d'Habitans des lieux qui sont embrasés.*
QUATRE *Incendiaires.*

La Scene est en Europe.

GALLIE
OPERA.

ACTE I.

Le Theatre change, & represente les bords du Rhin, ou l'on voit des Villes & des Villages, des Bourgs & des Châteaux à demi ruinez; Une Armée de Dragons & d'Incendiaires se Campe sur ces bords.

SCENE PREMIERE.

Gallie paroit sur le Theatre sous la forme d'une grande Femme, vêtuë d'une Robe d'Ecarlate, parsemée de Fleurs de Lis & de Flammes d'Or. Elle tient dans sa main droite un Flambeau ardent, & une Epée en l'autre, avec cette devise sur sa Fontange, Igne & Ferro. Une Troupe de Dragons & d'Incendiaires vient danser avec Gallie, & ils forment ensemble la premiere entrée du Ballet.

GALLIE SEULE.

Pour regner en tous lieux, mettons tout en usage,
La Trahison, le manquement de
foy,
L'horrible Cruauté, vous Crimes aidez moy,

Ser-

Servez ma Fureur & ma Rage,
Je veux que l'Univers soumette à mes Loix.
Venez Princes, venez vous, Rois,
Venez tous vous ranger sous ma Puissance.
    Obeïssez, où ce Flambeau
    Va faire un horrible ravage,
    Tout descendra dans le tombeau.
    Obeïssez, où ce Flambeau
    Va faire un horrible ravage.

*Gallie regarde par tout le Theatre, pour voir s'il
ne viendra personne, & puis elle continue.*
    He quoi ! l'on ne m'obeït pas.
Sous le coups de ce Fer il faut que tout gemisse.
Je vay porter par tout l'horreur & le trêpas.
    Allons, il faut que tout perisse
    Par la Fureur que je ressens.
Ambition, Vanité, redoublez mon audace,
Volés à mon secours, exterminons la race
    De ces Rebelles insolens.

SCENE SECONDE.

GALLIE, L'AMBITION, LA VANITE.

*L'Ambition entre d'un côté du Theatre, & la Va-
nité de l'autre. Elles dansent, & forment ensemble la seconde entrée du Balet.*

GALLIE.

OBjets de mon Amour, venez servir ma Rage,
    Donnés moy vos avis,
    L'Europe insolente m'outrage,
Pour braver mon pouvoir, ses Peuples sont
                    unis ;   Venés

Venés à mon secours, soutenez mon courage,
Allons, il faut domter tous ces fiers Ennemis;
Cette Isle d'Albion , l'ingrate, la perfide ,
N'est plus dessous mes Loix, Ah! funeste revers!
Un-Hercule nouveau vient de briser ses fers,
Je ne vous cele rien, je le crains cét Alcide ,
Sans lui j'allois regner sur ce vaste Univers;
Sans lui j'avois un courage intrepide :
A present que j'apprens qu'il vient passer les Mers,
Mon Cœur tremble, mon Cœur, helas! devient
     timide.
Ah ! lâche que je suis, est ce à moy d'avoir peur ?
    Songeons plûtôt à la vengeance.
    Perdons l'Ennemi qui m'offence ,
Animons contre luy ma Rage & ma Fureur,

LA VANITE.

Le Feu depuis long-tems est en vôtre puissance,
    Cet Element vous est soumis;
    Qu'il serve donc vôtre vangeance ,
    Qu'il devore vos Ennemis.

L'AMBITION.

La Terre vous a fait une injure mortelle,
    Embrasez cette criminelle,
Et l'Europe sur tout, qu'on ne peut trop punir.
    Allons, que le Feu se prepare
    Pour une vangeance barbare,
    Dont le seul souvenir
Fasse trembler tout l'avenir.

TOUTES TROIS ENSEMBLE.

    Allons que le Feu se prepare
Pour une vengeance barbare ,
    Dont le seul souvenir
Fasse trembler tout l'avenir.

A 7   SCE-

SCENE TROISIEME.

GALLIE, L'AMBITION, LA VANITE,
LE FEU, UNE TROUPE d'*Incendiaires*.

*Le Feu entre sur le Theatre , suivi d'une Troupe
d'Incendiaires, tenant chacun un Flambeau
à la main. Ils forment ensemble la troisiéme
entrée du Balet.*

LE FEU.

JE viens, Princesse redoutable,
  Je viens servir vôtre Fureur.
Allons, portons par tout la crainte, & la terreur,
  Jettons une flamme effroyable.
Terre, vous allés voir tous vos Champs em-
    brasez,
  Et vos plaines verdoyantes.
  Ah! si vous ne vous soûmettez,
Vous allez ressentir mes flammes devorantes.

GALLIE, LA VANITE, L'AMBITION ET
LE FEU *tous ensemble.*

Portons par tout d'horribles feux,
Faisons regner par tout la flamme épouvantable,
Allons, allons, faisons un ravage effroyable,
Embrasons la Terre & les Cieux.

LE CHŒUR *des Incendiaires.*

Portons par tout d'horribles feux,
Faisons regner par tout la flame épouvantable,
Allons, allons, faisons un ravage effroyable,
Embrasons la Terre & les Cieux.

On

On entend un bruit de Timbales, des Trom-
petes & de Tambours. Gallie, la Vanité, le Feu,
& les Incendiaires dansent en furieux, & for-
ment ensemble la quatriéme entrée du Balet.
Aprés avoir dansé, ils se retirent.

SCENE QUATRIEME.

QUATRE BERGERS.

Ces quatre Bergers viennent des deux côtez du
Theatre danser en estropiez, & forment la
cinquiéme entrée du Balet.

I. BERGER.

QUel comble de douleur! quel sujet de tri-
stesse!
Ah! que deviendrons-nous, grands Dieux!
Gallie va porter par tout d'horribles feux,
    Cette furieuse Tigresse,
    Qui nous à mangé jusqu'aux Os,
Veut de ce Monde entier faire un triste Chaos.

2. BERGER.

O! sort trop rigoureux!

3. BERGER.

O! malheur trop funeste?

4. BERGER.

Comment éviter son courroux?

TOUS ENSEMBLE.

Que ferons nous? helas! que ferons nous?
    Nul espoir ne nous reste.

I. BERGER.

Depuis plus de dix ans, helas! que nous souffrons!

Ces

Ces cruels boutefeux, ces horribles Dragons
Ont tiré le sang de nos veines,
Ruiné nos champs, & brûlé nos maisons,
Presque englouti tous nos moutons,
Ravagé nos coteaux, nos valons, & nos plaines.
Que de maux nous sentons! que d'ennemis, que
      de peines.
    Nous esperions les voir finir,
Mais nos esperances sont vaines ;
    Nous sommes tout prêts à perir.

2. BERGER.

Pour tâcher d'appaiser la fureur de Gallie,
     Portons lui nos presens,
     Offrons lui de l'encens,
Voyons si nous pourrons fléchir cette Furie.
Allons nous prosterner.... mais elle vient,
     grands Dieux,
Que d'effroy, que d'horreur elle inspire en ces
     lieux !

SCENE CINQUIEME.

GALLIE, LES QUATRE BERGERS.

Gallie s'avance à grands pas sur le Theatre. Elle porte par tout des regards furieux & menaçans. Les Bergers tout tremblants, se retirent en un coin du Theatre pour la laisser passer: En suite ils s'aprochent d'elle, en faisant à chaque pas des reverences jusques à terre. l'Un d'eux lui presente une petite bourse, qu'elle prend avec fureur & dedain.

1. BERGER.

REcevez ce tribut, grande & puissance Reine,
Nous

Nous vous reconnoiſſons pour nôtre Souve-
   raine ;
  Laiſſez vous toucher à nos maux,
  Helas ! finiſſez nôtre peine,
Epargnez nos Maiſons, épargnez nos Trou-
   peaux.

2. BERGER.

Ayez pitié de nous, nous vous rendons hom-
   mage ;
Ha ! garantiſſez nous de ces horribles Feux,
  Qui vont faire en ces lieux
  Un terrible ravage.

TOUS ENSEMBLE.

Nous vous reconnoiſſons pour nôtre Souve-
   raine,
  Laiſſez vous toucher à nos maux.
  Helas ! finiſſez nôtre peine,
Epargnez nos Maiſons , épargnez nos Trou-
   peaux.

SCENE SIXIEME.

GALLIE SEULE.

Quoi, rien que des Bergers ! eh ! quel ſenſi-
   ble outrage !
  Les plus grands Princes autrefois
  Trembloient au ſeul ſon de ma voix,
Preſque tout l'Univers venoit me rendre hom-
   mage ,
  Tout ſe ſoûmettoit à mes Loix,
Tout craignoit mon pouvoir , tout craignoit
   ma vangeance ;

Les

Les Republiques & les Rois
Adoroient ma Grandeur , redoutoient ma Puiſ-
     ſance.
O ! revers trop cruel, un Bourgeois aujourd'hui !
     (Dieux ! quand j'y penſe, je ſoupire.)
     Qui ſembloit n'avoir point d'appuy ,
Que j'ai tant mepriſé, vient borner mon Empire.
     C'eſt ce Bourgeois devenu Roi,
     Qui fait ſoûlever contre moy
          L'Europe mon eſclave,
     C'eſt lui ſeul qui me brave,
     Mais je ſauray bien le punir ;
          Je vay mettre en uſage
Tant de choſes. qu'enfin ma Fureur & ma Rage
Trouveront les moyens de le faire perir.
Et toy, Europe, & toy, je vay te mettre en cendre,
Ton Hercule nouveau ne ſauroit t'en deffendre.

Fin du premier Acte.

ACTE

ACTE II.

Le Theatre change, & represente l'Isle d'Albion.
Cette Isle est un lieu Champêtre, où l'on voit
des Côteaux, des bois, & des prairies ; au
pied des Côteaux, & sur le penchant, on ap-
perçoit plusieurs Hameaux, & des Troupeaux
de Moutons qui passent ça & là.

SCENE PREMIERE.

Ramie paroit sur le Theatre en habit de Bergere,
avec une Couronne de Roses sur la tête. Elle
tient de la main gauche une Harpe, & de la
droite une Houlette entourée de Chardons qui
sont en fleur.

RAMIE SEULE.

LEs Loups s'en alloient faire un horrible car-
     nage
De mes Moutons, de mes Agneaux,
Mais, gracé au Ciel, tous mes Troupeaux
Se promenent sur le Rivage,
Je les voi maintenant gouter un heureux fort;
Quel bonheur d'échaper à l'orage !
Que plaisir d'en retracer l'image !
    Quand on est au port !
J'honoreray toûjours le glorieux Heros,
    Qui leur donne un heureux repos.

RAMIE *aprés avoir chanté, se va reposer sous*
    un Oranger, ou elle s'endort.

SCE-

SCENE SECONDE.

DAMON , TIRCIS , TROUPE *de Bergers*
de l'Isle , *Troupe d e Bergers Fugitifs.*
DAMON.

LE Ciel veut donc que je te voye,
Tircis, dans ces heureux Climats.
Cher Ami, je n'attendois pas
Tant de plaisir, ni tant de joye.
Mais quel est le sujet qui t'amene en ces lieux?
Tu peux, sans craindre rien, la dire entre nous
deux.

TIRCIS.

Je suis, mon cher Damon, la rage de Gallie,
Helas! pour l'éviter je quitte ma Patrie.
Comme moi ces Bergers ont laissé leur trou-
peaux.
Et nous venons tous dans cette Isle
Y chercher un azile,
Et quelque remede à nos maux.

DAMON.

Gallie, helas! que ta Rage est terrible!
Par tout tu fais couler des pleurs.
Je suis touché de vos malheurs,
Je prens part a vos maux, Bergers, j'y suis sensible;
Mais quel est vôtre crime? & comment avez-
vous
De Gallie attiré la haine & le couroux?

TIRCIS.

Toûjours soûmis , toûjours fidéles,
Nous ne fumes jamais rebelles;
Mais tu sais bien, Damon , que nous ni nos
Ayeux ,　　　　　　　　　　　　　N'a-

N'avons jamais servi que le Maître des Dieux ;
   Le Dieu qui lance le Tonnere ,
   De l'Univers le Createur,
   Le seul & Souverain Seigneur
   Des Cieux , de l'Onde & de la Terre.
C'est lui, Damon, c'est lui, que nous servons,
   C'est-lui seul que nous adorons,
C'est à lui seul que nous rendons hommage ,
Les autres Dieux ne sont que son Ouvrage.
   Faire fumer l'encens
   Pour ces Dieux impuissans ,
C'est à leur Createur faire un sensible outrage.
   Helas ! on veut nous y forcer ,
   Pour nous contraindre à l'offenser,
Ce Dieu, le Dieu des Dieux, on a mis en usage
   Ce que la Fureur & la Rage
   Aux plus méchans peut inspirer.

D A M O N.

Je say, Tircis, je say jusqu'où Gallie
   Porta sa cruauté ;
   Lors que cette Furie
Fit dans un * jour, qu'elle avoit arrêté,
De vos Peres jadis un horrible carnage,

He-

---

*Occidat illa dies avo, non postera credant
Sacula, nos certè taceamus, & obruta multa
Nocte, tegi propria patiamur crimina gentis.*
   Qu'il ne se parle jamais plus de ce jour, & que
les siecles à venir ne croyent point qu'il ait êté ;
& pour nous gardons le silence, & couvrons les
crimes de nôtre propre nation , les enseveliſſant
dans des profondes tenebres. *C'est dans ces ter-*
mes que le sçavant Monsieur de Thou s'exprime
dans son histoire, en parlant de la S. Barthelemy.

Helas ! on n'epargna ni le Sexe, ni l'Age !
Toutéprouva dans ce jourplein d'horreur,
De ses boureaux la Rage & la Fureur.
La persecution quelle fit, fut outrée,
Elle dura long-tems , & sa rage enflammée
    Fit égorger de toutes parts,
    Les Jeunes Gens & les Vieillards ;
    Mais Gallie enfin fut forcée
        De nous donner la Paix ;
    Une Foy solemnellement jurée,
        L'asseuroit pour jamais ;
Des Edits la rendoient toûjours inviolable.
Peut on , aprés cela, avoir manqué de Foy !
O ! noire trahison ! ô ! crime abominable !
Ah ! j'en fremis d'horreur , & j'en tremble d'ef-
    froy !

T I R C I S.

Cher Damon, tu connois Gallie ,
Tu sais bien quel est son genie ;
Lors qu'elle avoit besoin de nous ,
Elle a sceu cacher son couroux.
Autrefois elle étoit perduë ,
Si nous ne l'avions soûtenuë.
Elle vit bien alors, que pour nous endormir,
Il faloit tout promettre , & ne nous rien tenir,
Mais depuis qu'elle croit qu'à sa grande Puis-
    sance
Aucun n'a le pouvoir de faire resistance ,
Elle a levé le masque, & se croit tout permis ,
Ne se souvenant plus de ce qu'elle a promis.
    Pour nous ôter nos Exercices ,
    Que de desseins ! que de complots !
    Que de fraudes, que d'injustices !

N 3

N'a-t-elle pas fait ? en deux mots,
Pour nous perdre, Damon, depuis plufieurs an-
    nées
Il n'eft méchancetez qu'elle n'ait inventées.
Helas ! je ne fçaurois, fans repandre des pleurs,
Te faire le recit de nos triftes malheurs.
    Gallie, aprés fes artifices,
    Toutes fes fraudes, fes malices,
Mit la force en ufage, & nous dit, *je le veux,*
Tel eft mon bon plaifir , qu'on encenfe à mes
      Dieux,
Auffi-tôt de Dragons des troupes enragées
    Vinrent facager nos Hameaux ,
    Et ravager tous nos Troupeaux.
Ha ! qui pourroit ici de ces triftes journées
    Te bien depeindre les horreurs,
    Et les fujets de nos douleurs !
    Tous ces Dragons abominables ,
    Tous ces Tigres impitoyables
    Se logérent dans nos maifons ;
    Remplis de rage & de furie,
    Allons, nous dirent ils, allons,
    Suivés les ordres de Gallie,
Autrement nous allons vous faire mille maux.
Là-deffus ces Dragons mettant tout au pillage,
    De nos Brebis, de nos Agneaux ,
    Firent un horrible carnage.
Helas ! aprés cela, tous ces terribles Loups,
Attaquans les Bergers, les defolérent tous,
    Leur firent fouffrir un martire
    Bien plus cruel que le Trépas.
    Tu ne croiras, peut être, pas,
    Damon, ce que je te vay dire,
    Sans les faire mourir,   On

On leur faisoit sentir les ardeurs de la flame,
A force de les battre on leur brisoit les os,
Et pour les empêcher de prendre du repos
On les faisoit danser jusques à rendre l'ame.
    A leurs oreilles on faisoit
    Un bruit qui les étourdissoit.
    Certaine fumée infernale
    Les tormentoit sans intervale.
    On les perçoit de tous côtez.
    De leurs doits les extremitez
    D'éguilles êtoient toutes pleines.
    Par ces tourmens, & par ces peines
    On les empêchoit de dormir.
    Helas ! que peut-on plus souffrir !
D'autre côté, Damon, on voyoit dans nos ruës,
Des Filles, des Enfans, des Femmes éperduës,
Qui par leurs tristes voix exprimoient leurs
    douleurs,
Et qui par leurs soupirs faisoient fendre les
    cœurs,
    On entendoit par tout crier,
    Helas ! on viole ma Mere !
    On met à la broche mon Frere,
    Mon Mary s'en vient d'expirer.
Que de gemissements, que de cris, que de lar-
    mes !
Ha ! que d'excez commis dans ces jours pleins
    d'alarmes.
Je ne puis sans gemir, ni sans me fondre en
    pleurs,
Attacher ma pensée à ces jours pleins d'horreurs.
Que dirai - je de plus, nous servimes l'Idole,
Vaincus, Damon, par les tourmens,

Nous

Nous fimes fumer de l'Encens.
Souvenir affligeant, pensée qui defole,
Helas! nous avons prefque tous
Du Ciel attiré le couroux.
Ceux à qui nôtre Dieu fit avoir l'avantage
De vaincre & furmonter la fureur & la rage
De tous ces horribles Dragons,
Furent jettez dans des prifons.
Les uns y vont paffer leur vie,
Plûtôt que de vouloir changer;
Mais les autres pour fe fauver
Ont fubi les Loix de Gallie.
Pour moy, Damon , & ces Bergers
Las de trainer des jours languiffans, miférables,
Au travers de mille dangers ,
Par des chemins affreux, de toutes effroyables,
Nous avons fçeu venir dans ces aimables lieux ,
Chercher un fort plus doux , & des jours plus
heureux.

D A M O N.

Aprés tant de malheurs,
Apréstant de miféres ,
Tant de peines ameres ,
Faites ceffer vos pleurs.
Goutez , goutez , Bergers, goutez tous dans
cette Ifle
Les douceurs, d'une vie agreable & tranquile;
Vivez fous les Loix d'un Heros,
Qui nous donne un heureux repos.

C H O E U R *des Bergers de l'Ifle.*

Goutez ; goutez Bergers , goutez tous dans
cette Ifle
Les douceurs, d'une vie agreable & tranquille;

Vivez sous les Loix d'un Heros,
Qui nous donne un heureux repos.
    CHOEUR *des Bergers fugitifs.*
Aprés tant de malheurs,
Aprés tant de miseres,
Tant de peines améres,
Faisons cesser nos pleurs

LES DEUX CHOEURS ENSEMBLE.

Goutons, goutons, Bergers, goutons tous dans
    cette Isle
Les douceurs, d'une vie agréable & tranquille ;
    Vivons sous les Loix d'un Heros,
    Qui nous donne un heureux repos.
DAMON.
Helas ! Tircis, helas ! cette Isle étoit perduë,
Sans ce Heros sorti du plus pur sang des Rois !
Gallie la croyoit tenir dessous ses Loix,
Quiaces qui regnoit, l'avoit déja venduë.
    Il adoroit ses Dieux,
    Et vouloit en ces lieux
    Introduire leur culte ;
Ce qui causa, Tircis, ici bien du tumulte,
    On nous ôtoit tout à la fois,
    Nos Privileges, & nos Loix,
    Nos Libertez, & nos Franchises ;
    On nous alloit tous égorger,
    Les mesures étoient si bien prises,
    Que nous ne pouvions échaper.
Des Gens qui de Gallie ici servoient la Rage,
Remplissoient tous ces lieux de sang & de car-
    nage,
    Nous ne voyions dans nos Hameaux

Que

Que des Gibets, des Echaffaux.
Des Satires abominables,
Et des Tigres impitoyables,
Des Loups, helas! des Leopards,
Nous entouroient de toutes parts.
Par les intrigues de Gallie
On vouloit dépouiller Ramie
Du droit qu'elle a de gouverner,
On la vouloit desheriter,
Cette Illuſtre & grande Bergére,
De cette Isle unique Heritiére.
O juſte Ciel ! on avoit bien oſé
Mettre à ſa place un Enfant ſuppoſé.
Lors que ce Grand Heros, Hercule d'Oranie,
Touché de tous les maux que nous faiſoit Gallie,
Vint à nôtre ſecours, il traverſa les Mers.
L'Alcide de nos jours, il vint briſer nos fers.
Quand Quiaces le vit, il prend d'abord la fuïte,
Il abandonne tout, & laiſſe la conduite
De l'Isle, au glorieux Heros,
Qui nous a rendu le repos.   (Gloire,
Chantons le tous, Bergers, ce Heros plein de
Honorons ſa Vertu, celebrons ſa Victoire;
C'eſt un Heros fameux par mille & mille Ex-
          ploits.
Ah! que l'on eſt heureux de vivre ſous ſes Loix!

LES DEUX CHOEURS DES BERGERS.
Chantons le tous, Bergers, ce Heros plein de
          Gloire,
Honorons ſa Vertu, celebrons ſa Victoire;
C'eſt un Heros fameux par mille & mille Ex-
          ploits,
Ah! que l'on eſt heureux de vivre ſous ſes Loix!

SCENE TROISIEME.

QUIACES, UNE TROUPE DE SATIRES.

QUIACES.

PAr le prompt secours de Gallie,
　En ces lieux je suis de retour.
Mes chers amis, c'est dans ce jour,
Qu'il faut se saisir de Ramie,
Il faut ravager ses Hameaux,
Et devorer tous ses troupeaux,
Allons, chassons d'icy Hercule d'Orange.
　J'ay pour cela de toutes parts
　Assemblé tous mes Leopards,
Mes Tigres & mes Loups serviront ma furie.
　Vous, Satires, preparez vous
　A bien seconder mon couroux,
　Servez ma fureur & ma rage,
Remplissez tout de sang & de carnage.
　　　Appercevant RAMIE *qui dort.*
Mes amis, suivez moy, la Bergere en ces lieux
　Se presente à mes yeux ;
Ne perdons point de tems, elle s'est endormie,
　　Dessous un Oranger.
　Voici le tems de nous vanger,
　De nôtre plus grande Ennemie.
　Je n'aperçois aucun Berger,
　Elle est seule, il faut l'enlever.
Il s'avance trois ou quatre pas vers l'Oranger,
　puis il recule.
Mais quoy! cét Oranger me donne de l'ombrage!
Cet Arbre m'est fatal, il abat mon courage,
　Je n'ose presque l'approcher !

R A-

RAMIE *s'éveille en cet endroit.*
Ramie vient de s'éveiller.
Cachés vous tous derriere ce bocage,
    Je vay pour l'attirer
    De deſſous l'Oranger,
Mettre la feinte en uſage,
    Je m'en vay luy parler,
    Je vay diſſimuler,
Si nous pouvions l'avoir, cette grande Ramie,
Amis, ſi nous pouvions la livrer à Gallie,
    Mon bonheur ſeroit ſans égal,
    Allez ſoyez préts au ſignal.

SCENE QUATRIEME.

QUIACES, RAMIE.

*Quiaces s'approche de Ramie, cette Bergere ſe
leve, & elle s'éloigne petit à petit de l'Oranger à
meſure qu'elle s'entretient avec Quiaces.*

QUIACES.

BErgere dans ce Bocage,
Ecoutez mon compliment.

RAMIE.

Avez-vous bien le courage
De me parler ſeulement,

QUIACES.

La Roſe qui vous couronne,
Eſt une trés-bonne odeur.

RAMIE.

Pour porter cette Couronne,
Il faut étre net de Cœur.

QUIACES.

J'ay plus travaillé pour elle

Que jamais ne fit Amant.

R A M I E.

Le travail de l'infidelle
Est digne de châtiment.

Q U I A C E S·

Les Bergers de mon Village
Me conseilloient ce dessein,

R A M I E.

Vous n'étiés donc gueres sage.
Ni leur conseil gueres sain.

Q U I A C E S.

Voyant ma misere extrême,
Appaisez vôtre couroux.

R A M I E.

Si j'ai pitié de moi-méme,
Je ne puis l'avoir de vous.

Q U I A C E S.

Puis que ma faute est passée,
Perdez en le souvenir.

R A M I E.

Je la garde en ma pensée
Pour tout le tems à venir.

Q U I A C E S,

Mon credit, Nimphe hautaine,
Vous pourroit servir à point.

R A M I E.

Ma puissance plus certaine,
C'est que vous n'en ayez point.

Q U I A C E S.

Mes Bergers feront divorce,
Me voyant si mal mené.

R A M I E.

Lors que le Chef est sans force,

Le

Le reste est bien étonné.

QUIACES.

Je feray, pour vous complaire,
Vos vouloirs incontinent.

RAMIE.

Vous ne les sauriez mieux faire,
Qu'en restant toûjours absent.

QUIACES.

Mes Dogues, pleins de furie,
Feront la garde pour vous.

RAMIE.

Ah ! toute ma Bergerie
Sait que vos Chiens sont des Loups.

QUIACES.

De vous honorer, Ramie,
J'en jure sur mon trépas.

RAMIE.

Et je jure sur ma vie,
Que je ne vous croirai pas.

QUIACES.

Avec l'ardeur de mon ame
Je n'en puis venir à bout.

RAMIE.

J'aurois peur que vôtre flâme
Vînt mettre le feu par tout.

QUIACES.

A la fin chacun s'accorde,
Vous aurez pitié de moy.

RAMIE.

Je suis sans misericorde
A ceux qui n'ont point de foy.

QUIACES.

Je ne dois donc rien attendre.

B 4   Mon

Mon deſſein eſt reconnu.

RAMIE.

Ma foy vous me vouliez prendre,
Mais je vous ay prevenu.

QUIACES.

Du moins donnez moy la Harpe.
Afin de me divertir.

RAMIE.

Elle me ſert d'une Echarpe,
Pour me pouvoir garantir.

QUIACES.

Accordés moy donc, de grace,
Le Chardon avec ſa fleur.

RAMIE.

Non, vous n'aurez plus de place.
Dorénavant dans mon Cœur.

SCENE CINQUIEME.

RAMIE, QUIACES, TROUPE DE SA-
TIRES, TROUPE DE LOUPS, DE
TIGRES ET DE LEOPARDS.

Une Troupe de Satires, une Troupe de Loups, de Tigres, & de Leopards entre ſur le Theatre. A la vûe de ces bêtes feroces, tous les Moutons ſe viennent ranger auprés de la Bergere, qui ſe retire du côté de l'Oranger. Quiaces ſe va joindre aux Satires. Ils danſent tous, & forment la ſeptiéme entrée du Balet. On voit par leur cadence que les Satires onten vie de ſe ſaiſir de la Bergere, & que les Bêtes feroces veulent ſe jetter ſur les Moutons. Ramie touche ſa Harpe.   RA-

RAMIE en touchant sa Harpe.

Hercule, venés me deffendre.
Tirés moy d'un pressant danger.
Ramie se tournant vers Quiaces.
Et toi, qui voulois me tromper,
Voyons si tu voudras l'attendre.

SCENE SIXIEME.

RAMIE, HERCULE D'ORANIE, QUIA-
CES, TROUPE DE SATIRES ET
DE BESTES FEROCES.

*Hercule sort d'un des côtés du Theatre, couvert
d'une peau de Lion. Quiaces ne l'apperçoit
pas plû-tôt, quil prend la fuite, & laisse là
les Satires, qui font mine de vouloir resister.
Hercule assomme avec sa massue toutes les Bêtes feroces, il deffait les Satires, les met en
fuite, & les poursuit derriere le Theatre.*

RAMIE à QUIACES, *qui prend la fuite.*

JE savois bien que tu n'attendrois pas,
Ce Vainqueur tout brillant de gloire,
  Ce Heros porte la Victoire
Dans tous les lieux où s'adresse son bras.

SCENE SEPTIEME.

HERCULE D'ORANIE, RAMIE, DA-MON, TIRCIS, TROUPE DES BERGERS.

Hercule revint vainqueur sur le Theatre, suivi d'une Troupe des Bergers de l'Isle, & de Bergers Fugitifs. Il va prendre la Bergere par la main, & danse avec elle la huitiéme entrée du Balet.

HERCULE D'ORANIE.

TOus vos Ennemis sont deffaits,
  Goutez les douceurs de la paix,
A present que tout est tranquille,
Bergere, gouvernez cette Isle ;
Je m'en vay repasser les Mers,
Je m'en vay mettre dans les fers
  L'insolente Gallie ;
Adieu, je vous quitte, Ramie,
  Jouïssez à jamais
Des douceurs de la Paix.

RAMIE.

Allez, Heros, allez, courez à la victoire,
Par des Exploits nouveaux redoublez vôtre
  gloire.

Hercule d'Oranie se retire avec Ramie.

SCENE HUITIEME.

DAMOM, TIRCIS, TROUPE DES BERGERS.

DAMON.

TOus nos Ennemis sont deffaits,
   Goutons les douceurs de la Paix.
O trop heureux Bergers, célui qui nous la
   donne,
Est un Puissant Vainqueur, que la Gloire cou-
   ronne;
C'est un Heros dont le Ciel a fait choix,
Pour renverser l'Empire des Gaulois.
Chantons, Bergers, la valeur éclatante
   De ce vaillant Heros
Ah! si cette Isle est triomphante,
C'est à lui qu'elle doit sa gloire & son repos.

LE CHOEUR.

Chantons, chantons la valeur éclataute
   Du plus grand des Heros ;
Ah! si cette Isle est triomphante,
C'est à lui qu'elle doit sa gloire & son repos.

DAMON.

Il faut que par tout on l'admire,
Ce Heros triomphant, sorti du sang des Rois.
   Heureux le Peuple mille fois,
     Qui vit sous son Empire,

LE CHOEUR.

Heureux le Peuple mille fois,
   Qui vit sous son Empire.

Tircis.

Tous nos Ennemis font deffaits.
Goutons les douceurs de la Paix,
Hercule va la rendre au Monde,
C'eft pour cela qu'il paffe l'Onde.
Nous l'allons voir, Bergers, ce glorieux Heros
Rendre à tout l'Univers le Calme & le Repos.

Damon.

A prefent que tout eft tranquille
Dans cette Ifle,
Que nos Ennemis font deffaits,
Allons publier les bien-faits
De ce Heros brillant de Gloire,
Allons celebrer fa Victoire.

Le Choeur.

A prefent que tout eft tranquille
Dans cette Ifle,
Que nos Ennemis font deffaits,
Allons publier les bien-faits
D'un Heros tout brillant de Gloire,
Allons celebrer fa Victoire.

Fin du fecond Acte.

ACTE

ACTE III.

Le Theatre change & represente des Villes, des Chateaux, des Bourgs & des Villages embra-sez. La Campagne paroit toute en Feu, & l'on voit les arbres des Forêts tout brûlez de l'embrasement. Le Rhin, pour se garantir, semble vouloir se precipiter dans la Mer, que l'on voit en éloignement.

SCENE PREMIERE.

QUATRE INCENDIAIRES.

Ce quatre Incendiaires viennent des deux Cotez du Theatre, tenans chacun un Flambeau à la main. Ils dansent & forment la neuvieme entrée du Balet.

1. INCENDIAIRE.

GAllie nous venons de bien servir ta Rage,
Quelque spectacle charmant, qu'il est doux
à mes yeux !

2. INCENDIAIRE.

Que l'on a de plaisir de voir tout le ravage
Que la flâme fait en ces lieux !

3. INCENDIAIRE.

Brûler, ravager tout, porter par tout la flâme,
Sont les délices de mon Cœur.

4. INCENDIAIRE.

Faire regner par tout l'horreur,
C'est le plus grand plaisir que je sente en mon
ame.   Tous

Tous Ensemble.

Brûler , ravager tout, porter par tout les flâmes,
Sont les délices de nos Cœurs.
Faire regner par tout des pleurs,
Sont le plus grand plaifirs que reffentent nos
Ames.

1. Incendiaire.

Que j'aime à voir ces Feux ,
Et ce ravage afreux !
Cette plaine brûlante
Me donne un plaifir qui m'enchante.

2. Incendiaire.

Achevons, Compagnons ,
La fureur eft nôtre partage,
Allons, chers Compagnons , courage,
Brûlons tout, achevons,
Mettons le feu par tout , achevons nôtre ou-
vrage ,
Achevons, Compagnons,
Brûlons, brûlons, brûlons,
Brûlons tout, achevons cét horrible ravage.

Toutes Ensemble.

Brûlons, brûlons, brûlons.
Brûlons tout, achevons cét horrible ravage.

SCENE SECONDE.

UNE TROUPE D'HABITANS *des Villes &*
des Villages qui font en feu.

Le Chœur des Habitans.

Sauvons nous de ces lieux,
Nos Villes font en feu, cette plaine eft
brulante.

Ou

Où nous sauver grands Dieux !
Nous ne voyons par tout qu'horreur & qu'é-
    pouvante.

UN HABITANT.
Ah ! quels horribles Feux !

UN SECOND HABITANT.
Quel embrasement effroyable !

UN TROISIEME HABITANT.
Ah ! quelle flâme epouvantable !
Ah ! quel ravage affreux !

LE CHOEUR.
Que de Sujets de larmes !
Que de tristes allarmes :
Dieux qui voyez tous nos malheurs,
Laissez vous toucher à nos pleurs,
Vangez nous, punissez Gallie,
Faites la tomber sous vos coups.
Vangez nous, grands Dieux, vangez nous,
Exterminez cette Furie.

LES DRAGONS *derriere le Theatre*.
Brûlons, brûlons, brûlons.

LE CHOEUR.
O Ciel ! fuyons, fuyons.

SCENE TROISIEME.

LA TERRE.

O Dieux ! je me vois défolée !
Je fuis presque toute brulée,
Mes Monts & mes Coteaux, mes Campagnes,
    mes Bois,
Mes Villes, mes Palais, tout s'embrase à la fois.

Le

Le Feu, cet insolent, me veut reduire en cendre
  Aidez moy, liquide Element,
  Sauvez moy de l'embrasement,
Venez aussi, venez ; Air, venez me deffendre.
  Je brûle, je m'en vay perir,
Hâtez vous, hâtez vous, venez me secourir.

SCENE QUATRIEMÉ.

LA TERRE, LE FEU.

Contre mes flâmes devorantes
En vain tu cherches du secours ;
  Rien n'en peut arrêter le cours.
  Tes Villes les plus florissantes,
  Et tes Palais les plus charmants,
  Tes Campagnes, tes Habitans,
S'en vont dans ce moment éprouver ma puis-
    sance.
De Gallie je sers la rage & la vengeance ;
Le seul & vray moyen de te sauver, croy moy,
C'est de la reconnoître, & de subir sa Loy,

SCENE CINQUIEME.

LE FEU, L'AIR, L'EAU, LA TERRE.

*L'Air descend sur le Theatre d'un Côté, l'Eau y
entre de l'autre.*

L'Air au Feu.

Perfide, tu veux donc faire regner Gallie,
  Elle qui des Humains trouble tout le repos,
Pour

Pour établir par tout sa dure tirannie,
Tu veux de l'Univers faire un triste Chaos.
Il faut punir ton insolence.

L'EAU à la TERRE.

Nous embrassons vôtre deffence ;
Du Feu nous éteindrons l'ardeur,
Nous arrêterons sa fureur,

LE FEU.

M'éteindre, vous ! non, non, vous n'aurez par la
gloire,
Je prétens dessus vous emporter la victoire.

L'EAU.

Neptune, à mon secours, venez, venez punir
Cet horrible Element qui veut tout mettre en
cendre.

LE FEU.

Dieu Vulcain, venez me deffendre,
Venez, venez me secourir.

SCENE SIXIEME.

LE FEU, L'EAU, LA TERRE, NEP-
TUNE, VULCAIN, TROUPE DE
DIEUX MARINS, TROUPE DE CI-
CLOPES, TROUPE DE DIEUX CHAM-
PÊTRES ET DE DRIADES.

*Neptune sort de la Mer, armé de son Trident, &
accompagné d'une Troupe de Dieux Marins,
Vulcain entre d'un côté du Theatre. Les Divi-
nitez Terrestres se vont ranger auprés de la
Terre, pour être spectateurs du Combat de
Neptu-*

Neptune & de Vulcain. Ces Dieux avec leurs
Troupes dansent la dixiéme entrée du Balet, &
forment un combat, où Neptune demeure vain-
queur.

U N E   D R I A D E.

L E Feu cede à l'Eau,
Ce liquide Element est toûjours son tombeau,
　L'Eau remporte la gloire
　D'éteindre son ardeur.

U N   D I E U   C H A M P E T R E

Neptune a la Victoire,
Neptune est le vainqueur.

L E   C H O E U R.

Le Feu cede à l'Eau,
Ce liquide Element est toûjours son tombeau.
　L'Eau remporte la gloire
　D'éteindre son ardeur.
　Neptune a la victoire,
　Neptune est le vainqueur.

Neptune & sa Troupe poursuivent Vulcain, le
Feu & les Ciclopes derriere le Theatre.

SCE-

SCENE SEPTIEME.

LA TERRE, EOLE, CHOEUR DES DIEUX CHAMPETRES ET DES DRIADES.

Eole paroit en l'Air. Il appelle les Vents, & leur commande de former un Orage qui éteigne le Feu ; aussi-tôt on les voit voler au dessus du Theatre, & on les entend souffler avec violence. Dans ce même tems on apperçoit au Ciel un Soleil, qui prêt d'achever sa course, retrograde pour arrêter par son influence la force des Vents ; Mais un Astre plus brillant que le Soleil, s'éléve sur l'horison du Côté de la Mer. Sa lumiere fait palir le Soleil, & l'empêche d'avancer ; Cependant on entend le Tonnere, l'Air s'obscurcit, les Vents forment un nuage épais, & il tombe un Deluge de pluye, qui éteind le Feu. Enfin la Pluye cesse, les Vents s'appaisent, & l'Air s'éclaircit. Le Soleil ne paroit plus au Ciel, mais le nouvel Astre se fait voir si brillant & si rayonnant de lumiére, que la Nuit se convertit en un beau jour.

EOLE.

Volés, Tirans des airs, qui formez les Orages,
    Venez, Vents furieux,
Accourez à ma voix, venez couvrir ces lieux
    Des plus épais nuages.
Qu'un déluge de pluye éteigne tous ces Feux,
    Qui font tant de ravages,

Les

Les vents passent dans les Airs, & l'on entend des sifflements horribles.

LE CHOEUR.

Quels sifflements affreux !
Le Soleil & l'Astre nouveau paroissent dans le Ciel.

UN DES DIEUX CHAMPETRES.

Mais que l'Astre nouveau sur l'Horison s'avance,
   Qu'il est beau ! qu'il est lumineux !
Ce Soleil qui palit, redoute sa presence.

LE CHOEUR.

Qu'il est beau ! qu'il est lumineux !
Ce Soleil qui palit, redoute sa presence,
Un Nuage épais obscurcit l'Air, & derobe l'Astre
   à la vûe.

UN DES DIEUX CHAMPETRES.

Mais qui le derobe à nos yeux ?
Ah ! l'Air devient tenebreux !
   Ah ! quel épais nuage !
   Ah ! quel terrible orage !

LE CHOEUR.

Ah ! quel épais nuage !
Ah quel terrible orage !

On entend ici de grands coups de Tonnerre. Le Theatre ne paroit éclairé que des Eclairs, qui remplissent l'Air d'un feu serpentant, le Nuage se creve, & il tombe sur les lieux embrasez une grosse pluye, qui eteind le Feu.

UNE DRIADE.

Quels furieux Eclairs
S'élancent dans les Airs !
Quel terrible Tonnerre !

                        Ha !

Ha ! quel Deluge d'eaux ſe repand ſur ces feux.

UN DIEU CHAMPETRE.

Rejouïſſez vous, Terre,
Le Feu, vôtre Ennemi, n'embraſe plus ces lieux,
Ge Miniſtre cruel des fureurs de Gallie
Eſt à preſent vaincu, ſon audace eſt punie.

L'Orage ceſſe, tout devient calme , l'Air s'ê-
claircit tout d'un coup, & le nouvel Aſtre ſe fait
voir élevé ſur l'Horiſon.

UNE DRIADE.

Que ce jour eſt doux & charmant !
Tout brille de l'éclat d'une clarté nouvelle.

UN DIEU CHAMPETRE

Que cet Aſtre nouveau rend la Nature belle !
Ah ! qu'il eſt beau, qu'il eſt brillant !

LE CHOEUR.

Que ce jour eſt doux & charmant !
Tout brille de l'éclat d'une clarté nouvelle.
Que cet Aſtre nouveau rend la Nature belle !
Ah ! qu'il eſt beau ! qu'il eſt brillant !

SCENE HUITIEME.
& derniere.

NEPTUNE, L'AIR, L'EAU, LA TERRE,
TROUPE DES DIEUX MARINS, TROU-
PE DES DIEUX CHAMPETRES, ET DES
DRIADES, TROUPE D'HABITANS.

L'Eau *à la* Terre.

DU Feu qui te brûloit tu n'as plus rien à
   craindre,
Tu ne sentiras plus l'effet de sa fureur.

L'Air.

Il ne causera plus ni d'effroy ni d'horreur,
Ce Tiran est vaincu, nous venons de l'éteindre.

Neptune.

Terre, tu vas joüir maintenant du beau tems.
Ce bel Astre brillant d'une clarté si pure,
   Va couvrir tous tes champs
   De fleurs & de verdure.
   Chantez la gloire de son cours;
Peuples admirez tous l'Astre qui vous éclaire,
   Que chacun de vous le revere,
   Cét Astre qui fait vos beaux jours.

Le Choeur des Habitans.

Chantons la gloire de son cours,
Admirons, admirons l'Astre qui nous éclaire,
   Que chacun de nous le revere,
Cét Astre qui fait nos beaux jours.

Neptune.

Driades, Dieux Champetres,
Divinités Terrestres,

Re-

Retournez dans vos Champs,
Retournez dans vos Bois,
Faites y retenir vos voix,
Chantez , chantez y tous l'Aſtre qui vous
    éclaire ,
    Chantez la gloire de ſon cours.
    Allons , que chacun le revere,
    Cét Aſtre qui fait les beaux jours.

CHOEUR *des* DIEUX CHAMPETRES.
Retournons dans nos Champs, retournons dans
        nos Bois ,
    Faiſons y retentir nos voix ,
Chantons , chantons y tous l'Aſtre qui nous
    éclaire,
    Chantons la gloire de ſon cours,
    Allons, que chacun le revere,
    Cét Aſtre qui fait les beaux jours,

NEPTUNE.
Aprés tant de trouble & de larmes,
Allez en paix rebatir vos maiſons.
Un doux repos ſuccede à vos allarmes,
Vous n'aurez plus que de belles ſaiſons.
Habitans de ces lieux ne craignez plus Gallie,
Vous ne ſentirez plus l'effet de ſa furie,
Un Heros glorieux, l'eſpoir de l'Univers,
Vient par l'ordre des Dieux la mettre dans les
        fers.

LE CHOEUR DES HABITANS.
Aprés tant de trouble & de larmes,
Allons en Paix rebatir nos maiſons.
Un doux repos ſuccede à nos allarmes ,
Nous n'aurons plus que de belles ſaiſons.

                                N'a-

N'apprehendons plus de Gallie
Ni la rage, ni la furie.
Un Heros glorieux, l'espoir de l'Univers
Vient par l'ordre des Dieux la mettre dans les
Fers.

Fin du Troisième & dernier Acte.

150